工会工作知识题库系列丛书

U0866403

工会宣传教育工作知识题库

学习强会 编

中国工人出版社

图书在版编目（CIP）数据

工会宣传教育工作知识题库 / 学习强会编 . —北京：
中国工人出版社，2023.6
ISBN 978-7-5008-8193-3

Ⅰ . ①工… Ⅱ . ①学… Ⅲ . ①工会工作 - 宣传工作 -
中国 - 干部培训 - 习题集 Ⅳ . ① D412.65-44

中国国家版本馆 CIP 数据核字（2023）第 099622 号

工会宣传教育工作知识题库

出 版 人 董 宽
责任编辑 蒋佩轩
责任校对 张 彦
责任印制 栾征宇
出版发行 中国工人出版社
地　　址 北京市东城区鼓楼外大街45号 邮编：100120
网　　址 http://www.wp-china.com
电　　话 （010）62005043（总编室）
（010）62005039（印制管理中心）
（010）62382916（工会与劳动关系分社）
发行热线 （010）82029051 62383056
经　　销 各地书店
印　　刷 北京市密东印刷有限公司
开　　本 787毫米 × 1092毫米 1/32
印　　张 3.5
字　　数 47千字
版　　次 2023年7月第1版 2023年7月第1次印刷
定　　价 16.00元

目　录
CONTENTS

单项选择题

扫码闯关答题

1. 宣传思想工作是党的一项（　）的工作。

A. 特别重要　　B. 非常重要

C. 尤其重要　　D. 极端重要

2. 党的二十大指出，意识形态工作是为国家立心、为民族（　）的工作。

A. 立言　　B. 立命　　C. 立魂　　D. 立德

3. 党的十八大以来，以习近平同志为核心的党中央把宣传思想工作摆在全局工作重要位置，作出一系列重大决策，实施一系列重大举措，（　）广泛弘扬。

A. 社会主义核心价值观

B. 中国梦·劳动美

C. 中华优秀传统文化

D. 社会主义核心价值观和中华优秀传统文化

4. 工会宣传教育工作是党的宣传思想工作的重要组成部分，在工会组织全面履行社会职能、开展各项工作中，起着重要的（　）、促进和保证作用。

A. 指导　　B. 先导　　C. 传导　　D. 引导

5. 工会宣传教育工作的对象是（　）。

A. 工会会员　　B. 广大职工群众

C. 工会干部　　D. 产业工人

6. 工会宣传教育工作把加强职工思想政治引领、引导职工群众听党话跟党走作为（　）环节。

A. 中心　　B. 核心　　C. 重点　　D. 关键

7. 工人阶级是（　）的代表，是我们党最坚实最可靠的阶级基础，是国家的领导阶级。

A. 先进生产力

B. 先进生产关系

C. 先进生产力和先进生产关系

D. 人民群众

8. 职工群众的（　）、精神状态和人心所向，直接关系中国特色社会主义事业的成败。

A. 经济状况　　B. 工作状况

C. 生活水平　　D. 理想信念

9. （　）是解决我国一切问题的基础和关键。

A. 和平　　B. 共赢　　C. 发展　　D. 创新

10. 发展必须是科学发展，必须坚定不移贯彻（　）的新发展理念。

A. 创新、协调、绿色、开放、共享

B. 创新、开放、共享、协调、绿色

C. 开放、创新、绿色、协调、共享

D. 绿色、协调、创新、开放、共享

11. 工会宣传教育工作要坚持团结稳定鼓劲、坚持（　）为主。

A. 正面引导　　B. 正面宣传

C. 典型宣传　　D. 弘扬好人好事

12. 做好新时代工会宣传教育工作，有利于保持和发展工人阶级的先进性，扩大和巩固党执政的（　）。

A. 阶级基础　　B. 群众基础

C. 经济地位　　D. 阶级基础和群众基础

13. 工会宣传教育工作是工会工作的重要组成部分，也是工会履行（　）职能的有力保障和重要体现。

A. 建设　B. 参与　C. 维护　D. 生产

14. 做好新时代工会宣传教育工作，有利于更好地维护职工的精神文化权益，不断增强工会组织的（　）。

A. 吸引力　　B. 凝聚力

C. 战斗力　　D. 以上均是

15. 做好工会宣传教育工作的目的之一是把工会（　）的称号做得更加名副其实。

A. “职工之家”

B. “娘家人”

C. “劳动者港湾”

D. “职工之家”和“娘家人”

16. 工会宣传教育工作要紧紧围绕团结引领广大职工为实现中华民族伟大复兴的中国梦而奋斗的工运时代

主题主线，广泛开展（ ）主题宣传教育。

A. 最美职工

B. 中国梦·劳动美

C. 职工素质提升

D. 最美奋斗者

17. 工会宣传思想工作的任务之一是要提高职工（ ）素质，为团结动员广大职工积极投身中国式现代化建设提供强大的精神动力。

A. 科学文化　　B. 道德文化

C. 思想政治　　D. 技术技能

18. 工会宣传教育工作要坚持走好网上群众路线，着眼新时代职工群众特别是（ ）精神文化需求的新变化。

A. 青年职工　　B. 女职工

C. 工会干部　　D. 国有企业职工

19. 加强网上思想政治引领，要坚持线上线下相结合，健全（ ）工作机制，做好职工思想引导和凝聚服务工作。

A. 网上诉求

B. 集中线下办理

C. 线上办理为主，线下办理为辅

D. 网上诉求、线下办理

20. 对涉劳涉工的模糊认识和错误言论，要积极主动开展辨析批驳，敢于发声亮剑，主动（ ），有效引导舆论。

A. 设置议题　　B. 采写稿件

C. 召开新闻发布会　　D. 组织网络水军

21. 要高度警惕敌对势力借助所谓“维权”对我国劳动领域插手煽动、渗透破坏，紧扣（ ）目标任务。

A. “五个不发生”　　B. “五个坚决”

C. 争取合作共赢　　D. 和平发展

22. （ ）年，为推动职工职业道德建设，成立了全国职工职业道德建设领导小组。

A. 1994　　B. 1998　　C. 2001　　D. 2010

23. 1995 年，为推动职工职业道德建设，全国职工职业道德建设领导小组开展了全国职工职业道德建设（ ）的评选表彰活动。

A. “十佳单位”

B. “十佳标兵”

C. “十佳单位”和“十佳标兵”

D. “优秀个人”和“优秀组织”

24. 目前，全国职工职业道德建设指导协调小组办公室设在（ ）。

A. 中央宣传部

B. 中央文明办

C. 工业和信息化部

D. 全国总工会宣传教育部

25. 做好职工思想政治工作要注重（ ），把心理健康服务与困难帮扶、法律援助、志愿服务等结合起来，使职工思想政治工作更有味道、更有温度、更有力量。

A. 人文关怀　　B. 心理疏导

C. 人文关怀和心理疏导　　D. 培养心理咨询师

26. 深入实施全国职工素质建设工程，要充分发挥（　），不断提升职工队伍整体素质。

A. 工会维护职工权益的作用

B. 工会教育广大职工的作用

C. 工会思想政治引领的作用

D. 工会“大学校”作用

27. 工会职工教育工作要推动企业将加强职工技能培训工作和监督，保证（　）纳入职代会、厂务公开、集体合同工作之中。

A. 职工技能培训　　B. 培训经费使用

C. 职工普法维权　　D. 职工技能竞赛

28. 工会职工教育工作要从制度上保证职工参加学习培训权利的落实，开展（　），激发广大职工特别是农民工参加学习的积极性。

A. 农民工“求学圆梦行动”

B. 农民工“有困难找工会行动”

C. 农民工困难帮扶

D. 农家书屋建设

29. 《中共中央　国务院关于全面加强新时代大中小学劳动教育的意见》明确提出，要系统加强（　）。

A. 网络教育　　B. 劳动教育

C. 数字教育　　D. 艺术教育

30. （　）与广大劳动人民联系最为紧密，掌握的劳动教育资源也非常丰富，协助开展劳动教育具有得天独厚的优势。

A. 中国工会　　B. 中华全国妇女联合会

C. 中国共产主义青年团　D. 中国职工技术协会

31. 工会加强劳动教育，要促进（　）走进青少年心灵，强化其对职工群众的感情认同，在广大青少年中形成尊崇劳动的心理自觉。

A. 劳动最光荣观念

B. 全心全意依靠工人阶级方针

C. 共同富裕观念

D. 工人阶级伟大品格

32. 工会要积极主动参与教学，发挥工会自身职能及（　）的优势，为广大青少年提供开展劳动教育的服务和实践课堂。

A. 联系社团组织

B. 密切联系企业工厂

C. 密切联系职工群众

D. 密切联系企业工厂和职工群众

33. 全民国防教育是党的宣传思想工作的重要组成部分，是弘扬爱国主义精神、（　）的有效途径。

A. 增强全民国防意识　　B. 增强国民安全意识

C. 加强国民防范意识　　D. 培养国家安全观

34. 工会要以习近平总书记关于加强全民国防教育的重要指示精神为指导，加强（　）教育，引导广大职工群众树立正确的国家安全观。

A. 爱国主义

B. 集体主义

C. 社会主义

D. 爱国主义、集体主义和社会主义

35. 要加强领导干部国防教育，组织工会各级领导干部进行国防教育专题培训，把国防教育列入（　）学习计划。

A. 党委（党组）理论学习中心组

B. 党支部

C. 党委

D. 党小组

36. 发挥工会新闻媒体作用，加大国防教育宣传比重，强化职工群众（　）的意识。

A. 关心国防、热爱国防、建设国防

B. 关心国防、热爱国防、保卫国防

C. 热爱国防、建设国防、保卫国防

D. 关心国防、热爱国防、建设国防、保卫国防

37. 自2018年起，全国总工会每年与中央广播电视总

台联合推出（　），通过讲述我国一线技术工人匠心筑梦的典型故事，弘扬工匠精神。

A. 大国工匠年度人物

B. 全国劳动模范评选表彰

C. 全国技术能手评选表彰

D. 最美人物评选表彰

38. 工会新闻宣传工作要努力构建全方位、多层次、多形式，（　）的工会新闻宣传格局。

A. 工会媒体与非工会媒体互动

B. 传统媒体与新媒体融合互动

C. 纸质媒体与数字媒体互动

D. 中央媒体与地方媒体互动

39. 工会新闻发言人要按照（　）的原则，稳妥慎重、及时权威发布涉及工会和职工的突发事件信息。

A. 正确引导、及时准确、公开透明、有序开放、有效管理

B. 公开透明、及时准确、有序开放、有效管理、

正确引导

C. 及时准确、公开透明、有序开放、有效管理、正确引导

D. 公开透明、及时准确、有效管理、有序开放、正确引导

40. 全国总工会新闻中心建立和完善了工会新闻宣传制度，其中不包括（　）。

A. 沟通制度

B. 月度新闻发布会制度

C. 重要工作和重大活动新闻发布会制度

D. 同中央主要媒体座谈会制度

41. 下列不属于工会新媒体的是（　）。

A. 工会微博　　B. 工会微信

C. 工会微视频　　D. 工会宣传栏

42. 加强职工文化建设，要充分利用各种社会资源，推动实现（　）的职工文化建设目标，打造特色“工”字文化。

A. “四个一批” B. “五个一批”

C. “六个一批” D. “七个一批”

43. 工会文化阵地改革发展要以体制和机制创新为重点，把满足（ ）作为工作出发点和落脚点，推动各级工会在资金、人力、设施等方面给予积极扶持。

A. 职工群众的精神文化需求

B. 职工群众日益增长的美好生活需要

C. 职工的文化生活需求

D. 职工的合法权益

44. 要推动各级工会根据本地区的特点，建立健全科学的（ ），坚持社会公益性定位，加强对职工文化建设阵地的考核检查和指导服务。

A. 考核评价体系 B. 监督体系

C. 管理体系 D. 运营体系

45. 要加强对职工文化建设成果的宣传和展示，积极运用（ ）推进职工文化建设，不断提高职工群众的文化欣赏水平。

A. 公益广告　　B. 互联网

C. 新媒体　　D. 互联网和新媒体

46. 发挥各类职工文化体育协会的作用，运用协会自愿结合、方式灵活、（　）、讲究实效的特点，为职工群众提供更多适应市场需求的文化产品和文化服务。

A. 市场运作　　B. 社会运作

C. 资金运作　　D. 公益运作

47. 培养（　），广泛动员社会力量，内外结合、上下联动，促进工会文化体育事业整体功能的发挥。

A. 志愿者

B. 社会工作者

C. 职工文化体育积极分子队伍

D. 专职工会干部

48. 做好新时代工会宣传教育工作，关键在于建设一支（　）的工会宣传教育干部队伍。

A. 高水平　　B. 高素质
C. 高技能　　D. 高学历

49. 习近平总书记深刻指出，担任宣传思想部门领导工作的，除政治上可靠之外，总是需要在理论上、（　）上、口才上或其他专长上有“几把刷子”。
A. 实践　B. 做事　C. 思想　D. 笔头

50. 工会宣传教育工作是一项（　）很强的工作，直接影响到党和国家工作大局以及工会工作全局。
A. 时效性　　B. 社会性
C. 群众性　　D. 政治性

51. 工会宣传教育干部要具有坚定的政治立场，具有很强的（　），始终胸怀“国之大者”。
A. 政治领悟力、政治判断力、政治执行力
B. 政治判断力、政治领悟力、政治执行力
C. 政治领悟力、政治执行力、政治判断力
D. 政治觉悟力、政治判断力、政治执行力

52. 工会宣传教育干部要不断加强政策理论和业务知识

学习，加强（　），进一步提高运用马克思主义立场观点方法分析问题、解决问题的能力。

A. 实践研究　　B. 理论研究

C. 调查研究　　D. 文化研究

53. 工会宣传教育干部要提高运用现代科技和法律手段做好工作的能力以及推进（　）的能力，做到本领过硬，能说、能写、能干。

A. 工作观念创新　　B. 体制机制创新

C. 方式方法创新　　D. 以上均是

54. 工会宣传教育干部要有很强的政治敏锐性，善于把握（　）趋势，具有长远眼光和战略思维，善于从发展的角度思考和处理问题。

A. 社会发展　　B. 技术发展

C. 经济发展　　D. 文化发展

55. 工会宣传教育干部要做到作风过硬，牢固树立（　），扎实做好党的群团工作，增进与职工群众的感情，正确看待职工群众的新诉求新期待。

A. 马克思主义群众观点　B. 中华传统美德

C. 历史唯物主义观点　D. 唯物辩证法观点

56. 工会宣传教育干部要发扬求真务实的工作作风，以对党、对职工群众高度负责的态度，坚持（　），把职工关注的难点和热点作为工会宣传教育工作的重点。

A. 讲真话　B. 报实情

C. 求实效　D. 以上均是

57. 工会宣传教育工作具有（　）的双重属性。

A. 意识形态属性和工会工作政治属性

B. 工会属性和社会属性

C. 政治属性和经济属性

D. 政治属性和文化属性

58. 工会宣传教育工作的原则之一是要大力宣传党中央对工人阶级的关怀和对工会工作的高度重视，宣传党的（　）的方针。

A. 密切联系群众

B. 全心全意依靠工人阶级

C. 群团工作

D. 群众工作

59. 面对新形势、新任务、新要求，工会宣传教育工作要坚持有所为有所不为，突出（　）。

A. 重点任务　　B. 主责主业

C. 创新发展　　D. 守正创新

60. （　）是做好工会宣传教育工作的不竭源泉和动力。

A. 创新创造　　B. 实践调查

C. 守正创新　　D. 深入群众

61. （　）是工会宣传教育工作的重要方法。要善于利用党政资源，广泛动员社会力量，调动各方面的积极性。

A. 营造舆论　　B. 调查研究

C. 新闻采访　　D. 借势借力

62. 党的十八大以来，习近平总书记就（　）发表系列重要论述，对群团改革作出重要指示，成为新时代职工思想政治工作的根本遵循。

A. 党的宣传思想工作　　B. 意识形态工作

C. 工人阶级和工会工作　D. 以上均是

63.（　）年1月，中共中央印发《关于加强和改进党的群团工作的意见》。

A. 2012　　B. 2013　　C. 2014　　D. 2015

64. 2017年4月，中共中央、国务院发布《新时期产业工人队伍建设改革方案》，强调要通过（　）等方式，加强对产业工人的思想政治引领。

A. 教育引导　　B. 舆论宣传

C. 文化熏陶　　D. 以上均是

65. 2021年，中共中央、国务院发布《关于新时代加强和改进思想政治工作的意见》，深刻阐述了新时代思想政治工作的基本任务、原则和基本要求，为工会做好（　）提供了行动指导。

A. 职工思想政治工作　　B. 职工素质提升工作

C. 新闻宣传工作　　D. 职工文化建设工作

66. 开展职工思想政治工作，加强职工的思想政治引领，要努力实现党的价值导向与（　）的辩证统一。

A. 职工自身发展　　B. 职工生产生活

C. 职工权益保障　　D. 职工精神文化

67. 如今，微博、微信、短视频平台等新兴媒体迅猛发展，互联网已经成为当今中国（　）最为活跃的领域。

A. 技术创新　　B. 服务创新

C. 业态创新　　D. 以上均是

68. 职工思想政治工作应立足于最大限度地保护好、调动好和发挥好广大职工的（　），面向广大职工，处理好先进性要求同广泛性要求的关系，区分层次，有的放矢。

A. 参与性　　B. 创新性

C. 积极性　　D. 原创性

69. 我国经济已由高速增长阶段转向高质量发展阶段，正处在（　）的攻关期。

A. 转变发展方式　　B. 优化经济结构

C. 转换增长动力　　D. 以上均是

70. 职工思想政治工作要进一步拓展工作的对象，更加关注新的社会群体，特别是（　）等。

A. 非公企业的从业人员和技术人员

B. 受聘于外资企业的管理技术人员

C. 中介组织的从业人员

D. 以上均是

71. 职工思想政治工作要坚持遵循思想政治工作规律，把（　）结合起来。

A. 显性教育与隐性教育

B. 解决思想问题与解决实际问题

C. 广泛覆盖与分类指导

D. 以上均是

72. 职工思想政治工作要善于通过推进（　）这一工会

调整劳动关系、维护职工经济利益的主要手段，以及坚持和完善职工代表大会，预防和化解各种矛盾与问题。

A. 集体协商

B. 签订集体合同

C. 集体协商、签订集体合同

D. 法律维权

73. 广泛开展主题宣传教育活动，充分利用我国改革发展的伟大成就、（　）等，加强爱国主义、集体主义教育。

A. 重大历史事件纪念活动

B. 爱国主义教育基地

C. 国家公祭仪式

D. 以上均是

74. 职工思想政治工作要充分发挥先进典型的示范引领作用，发挥（　）等先进典型的激励作用。

A. 大国工匠　　B. 时代楷模

C. 最美人物　　　　D. 以上均是

75. 党的二十大强调，要加强（　），传承中华文明，促进物的全面丰富和人的全面发展。

A. 理想信念教育　　　　B. 科学技术教育

C. 历史文化教育　　　　D. 道德文化教育

76. 职工思想政治工作的方针原则之一是坚持（　），为党和国家工作大局以及工会工作全局服务。

A. 百花齐放、百家争鸣

B. 以人民为中心

C. 文化繁荣

D. 维护广大职工合法权益

77. 党的二十大指出，（　）是凝聚人心、汇聚民力的强大力量。

A. 共同富裕　　　　B. 中华传统文化

C. 人民民主　　　　D. 社会主义核心价值观

78. 党的二十大指出，要推动理想信念教育（　），持续抓好党史、新中国史、改革开放史、社会主义发展史宣传教育。

A. 常态化　　B. 制度化

C. 常态化制度化　　D. 法治化

79. 党的二十大指出，完善思想政治工作体系，要坚持依法治国和以德治国相结合，把社会主义核心价值观（　）。

A. 融入法治建设　　B. 融入社会发展

C. 融入日常生活　　D. 以上均是

80. 党的二十大指出，要坚持（　），满足人民日益增长的精神文化需求。

A. 发展社会主义先进文化

B. 弘扬革命文化

C. 传承中华优秀传统文化

D. 以上均是

81. 党的二十大指出，要统筹推动文明培育、文明实践、文明创建，推进城乡精神文明建设融合发展，在全社会弘扬（　），培育时代新风新貌。

A. 劳动精神、奋斗精神、奉献精神、创造精神

B. 劳动精神、奋斗精神、奉献精神、创造精神、勤俭节约精神

C. 劳模精神、劳动精神、工匠精神

D. 劳模精神、奉献精神、创造精神、勤俭节约精神

82. 党的二十大指出，要发挥（　）的精神引领、典型示范作用，推动全社会见贤思齐、崇尚英雄、争做先锋。

A. 党和国家功勋荣誉表彰

B. 劳动模范荣誉表彰

C. 国家功勋荣誉表彰

D. 党的功勋荣誉表彰

83. 开展理想信念教育的内容之一是要加强（　），自觉维护社会政治稳定和职工队伍的团结统一。

A. 形势政策教育

B. 民主法治教育

C. 形势政策及民主法治教育

D. 国际形势教育

84. 开展理想信念教育的内容之一是要进行（　）教育，增强职工的主人翁责任感、使命感。

A. 工人阶级意识　　B. 国家主人翁意识

C. 社会主义核心价值观　　D. 中华传统文化

85. 我国是（　）领导的、以工农联盟为基础的人民民主专政的社会主义国家，紧紧依靠工人阶级是必不可少的。

A. 工人阶级　　B. 精英阶层

C. 人民群众　　D. 农民阶级

86. 要对职工群众进行工人阶级的革命传统教育和先进性教育，引导广大职工（　）。

A. 辛勤劳动　　B. 诚实劳动

C. 创造性劳动　　D. 以上均是

87. 开展职工日常思想政治工作要着眼于社会主义新时代新的实践和新的发展，从（　）等方面进行深入的研究。

A. 协调各方利益　　B. 解决利益矛盾

C. 实现社会和谐　　D. 以上均是

88. 职工职业道德是指职工在职业活动过程中应当遵循的职业行为规范，涵盖了从业人员与服务对象、（　）之间的关系。

A. 职工与职工　　B. 职工与职业

C. 职业与职业　　D. 以上均是

89. 全心全意为人民服务是社会主义职业道德的（　）。

A. 根本要求　　B. 核心宗旨

C. 最高准则　　D. 必然要求

90. 职工职业道德建设要坚持的原则之一是：坚持职业道德建设与（　）相适应。

A. 中国特色社会主义工会发展道路

B. 社会主义文化

C. 社会主义市场经济体制

D. 社会主义法制

91. （ ）是职工职业道德的基础和核心，是职业道德所倡导的首要规范。

A. 爱岗敬业　　B. 精益求精

C. 办事公道　　D. 热情服务

92. 党的二十大指出，实施公民道德建设工程，弘扬中华传统美德，加强家庭家教家风建设，加强和改进未成年人思想道德建设，推动（ ），提高人民道德水准和文明素养。

A. 明大德　　B. 守公德

C. 严私德　　D. 以上均是

93. （ ）年10月，中共中央、国务院印发了《新时代公民道德建设实施纲要》。

A. 2017　　B. 2018　　C. 2019　　D. 2020

94. 《新时代公民道德建设实施纲要》明确以习近平新时代中国特色社会主义思想为指导，提出要不断提升（ ），促进人的全面发展，培养和造就担当民族复兴大任的时代新人。

A. 公民道德素质　　B. 公民文化素质

C. 公民政治素质　　D. 公民科学素质

95. 2003 年 6 月，为贯彻落实《公民道德建设实施纲要》，全国总工会对获得全国职工职业道德建设“十佳单位”和“十佳标兵”的单位和个人授予了（　）。

A. 全国五一劳动奖状

B. 全国五一劳动奖章

C. 全国五一劳动奖状和全国五一劳动奖章

D. 工人先锋号

96. 2010 年，经全国总工会书记处批准，自第十一届全国职工职业道德建设评选表彰开始，评选表彰全国职工职业道德建设标兵单位、标兵个人各（　）个（名）。

A. 20　　B. 30　　C. 40　　D. 50

97. 截至 2022 年，全国职工职业道德建设评选表彰已开展（　）届，共评选出全国职工职业道德建设标兵单位 230 个，全国职工职业道德建设标兵个人 241 人。

A. 15　　B. 16　　C. 17　　D. 18

98. （　）曾被授予全国职工职业道德建设标兵个人荣誉称号。

A. 郭明义　　B. 窦铁成

C. 宋鱼水　　D. 以上均是

99. 通过（　）等方式，可以广泛动员职工群众参加职工职业道德建设宣传教育活动。

A. 制作刊播公益广告　　B. 举办专题展览

C. 组织故事汇巡演　　D. 以上均是

100. （　）是中华全国总工会和各级工会组织为保障职工群众的文化权益，在全国开展的一项重要文化工程。

A. 职工之家　　B. 职工书屋

C. 劳动者驿站　　D. 工人文化宫

101. 截至 2022 年，我国共建成全国工会职工书屋示范点

（ ）家，带动各地工会建成职工书屋（ ）余家。

A. 1.0 万；10 万　　B. 1.2 万；12 万

C. 1.4 万；14 万　　D. 1.5 万；15 万

102. （ ）年，为适应新兴网络数字化阅读需求，全国总工会建成开通电子职工书屋阅读系统。

A. 2015　B. 2016　C. 2017　D. 2018

103. 自（ ）年起，全国工会职工书屋建设领导小组在全国广大职工中广泛开展“阅读经典好书 争当时代工匠”全国工会职工书屋主题阅读交流活动。

A. 2008　B. 2012　C. 2015　D. 2017

104. （ ）年，“中国工人杯”全国职工读书知识竞赛，初赛阶段通过 49 天的线上竞答，吸引了 1230 万职工的积极参与。

A. 2019　B. 2020　C. 2021　D. 2022

105. 2015 年，全国总工会改革试点方案将（ ）项目列入工会工作品牌。

A. 送温暖工程、五一劳动奖、工人先锋号、职工书屋、大国工匠、职工之家

B. 送温暖工程、五一劳动奖、工人先锋号、职工书屋、大国工匠

C. 五一劳动奖、工人先锋号、职工书屋、大国工匠、职工之家

D. 送温暖工程、五一劳动奖、工人先锋号、职工之家、大国工匠

106. （ ）年，全国总工会职工书屋示范点首次被写入中央宣传部《关于促进全民阅读工作的意见》。

A. 2018　B. 2019　C. 2020　D. 2021

107. 2021 年，全国工会职工书屋开展了 100 场“把一切献给党　劳动创造幸福”全国职工党史学习教育读书活动，共计（ ）名职工现场参与或通过网络视频观看参与。

A. 1000 万　B. 3000 万　C. 5000 万　D. 6000 万

108. 2021 年，《中国工人》杂志和全国工会职工书屋、

（　）合作，主办了“迎冬奥贺新春　工会陪你过大年”全国职工网络大团圆活动。

A.《中国工会年鉴》

B. 学习强会平台

C. 技能强国-全国产业工人学习社区平台

D. 电子职工书屋平台

109. 职工书屋工作要围绕工会工作主线，顺应时代发展、社会进步、受众需求，着眼构建（　），继续叫响做实“阅读经典好书　争当时代工匠”主题阅读活动。

A. 全民阅读体系　　B. 职工阅读生态

C. 融合发展格局　　D. 高质量发展格局

110. 社会主义精神文明是建设中国特色社会主义的重要目标和重要保证，（　）是精神文明建设的中心环节。

A. 思想道德建设　　B. 职业道德建设

C. 社会公德建设　　D. 家庭美德建设

111. （　）是对职工群众进行思想引领、提高职工文明程度的有效途径。

A. 职工文艺活动

B. 职工演讲活动

C. 职工体育活动

D. 群众性精神文明创建活动

112. 工会开展群众性精神文明建设的总体要求是（　）。

A. 坚持以习近平新时代中国特色社会主义思想为指导

B. 以为人民服务为核心

C. 加强职工社会公德、职业道德、家庭美德和个人品德教育

D. 以上均是

113. 工会开展群众性精神文明建设，以（　）为原则，以诚实守信为重点。

A. 爱国主义　　B. 集体主义

C. 社会主义核心价值观　D. 思想道德建设

114. 精神产品和社会文化生活对职工群众的（　）有着潜移默化的作用。

A. 思想观念　　B. 道德情操

C. 行为规范　　D. 思想观念、道德情操

115. 党的十八大以来，习近平总书记多次到访革命纪念地，瞻仰革命历史纪念场所，反复强调要用好（　），传承好红色基因，把红色江山世世代代传下去。

A. 政策资源　　B. 革命文化

C. 历史资源　　D. 红色资源

116. 各级工会要加强红色工运资源的保护利用，深化研究阐释，发掘时代内涵，突出（　），打造精品展陈，强化教育功能。

A. 开发利用　　B. 经济效益

C. 社会效益　　D. 创新再造

117. 中国志愿服务联合会职工委员会以各级工会组建的（　）和各种职工志愿服务队为主体，紧密结

合群众性精神文明创建活动。

A. 爱心团队　　B. 职工志愿者

C. 青年志愿者　　D. 劳模志愿服务队

118. 当前，职工的思想更加活跃，其思想观念更加复杂，（　）明显增强。

A. 自主意识、竞争意识、平等意识、效率意识

B. 竞争意识、公平意识、发展意识、效率意识

C. 自主意识、创新意识、平等意识、效率意识

D. 自主意识、法治意识、创新意识、效率意识

119. 职工主题宣传教育活动是以活动为载体，在职工中开展的一种（　）教育实践活动。

A. 政治性　　B. 专题性

C. 娱乐性　　D. 自主性

120. 职工主题宣传教育应选取（　）开展。

A. 职工群众喜闻乐见的形式

B. 行之有效的方法

C. 职工群众喜闻乐见的形式和行之有效的方法

D. 经济实惠的方式

121. 积极开展（　），通过普及企业文化知识、提炼企业精神、塑造企业形象，推动企业的自主创新和加快发展。

A. 企业文化建设　　B. 企业形象工程

C. 职工文体活动　　D. 企业宣传活动

122. （　）是根据经济社会发展与企业发展的需要，对在职职工进行科学文化知识、技术技能培养的一种教育活动。

A. 职工思想教育工作

B. 职工科学素质教育工作

C. 劳动竞赛工作

D. 全国职工素质建设工程

123. 工会通过开展形式多样的职工科学素质教育，大力提高广大职工的学习能力、创新能力、竞争能力和（　）能力，充分发挥其在推动经济发展和社会进步中的主力军作用。

A. 创业　　B. 开拓
C. 再就业　　D. 创造

124. 1981年2月，中共中央、国务院印发了《关于加强职工教育工作的决定》，实行由（　）主管，充分发挥工会、共青团等有关方面作用的领导管理体制。

A. 政府　　B. 企业行政
C. 政府和企业行政　　D. 工会

125. 1981年2月，中共中央、国务院印发了《关于加强职工教育工作的决定》，此后，工会职工教育工作发生了很大变化，由主管转变为（　）。

A. 监督配合
B. 参与管理
C. 配合行政
D. 参与管理和配合行政

126. 2010年4月，全国总工会印发（　），将职工的整体素质细分为思想道德素质、科学文化素质、技术技能素质、民主法治素质、安全健康素质和社会文明素质六个方面。

A.《全民科学素质行动计划纲要（2006—2010—2020年）》

B.《关于充分发挥工会“大学校”作用提高职工队伍整体素质的决议》

C.《关于全面实施职工素质建设工程的意见》

D.《全国职工素质建设工程五年规划（2010—2014年）》

127. 2021年6月，国务院印发《全民科学素质行动规划纲要（2021—2035年）》，提出面向世界科技强国和社会主义现代化强国建设，需要（　）担当更加重要的使命。

A. 科学素质建设　　B. 公民道德建设

C. 职工文化建设　　D. 精神文明建设

128. （　）年6月，全国总工会联合财政部、国家发展改革委、教育部等11个部委印发了《关于企业职工教育经费提取和使用管理的意见》，这是工会参与职工教育管理工作的一个重大突破。

A. 2003　　B. 2004　　C. 2005　　D. 2006

129. 2018 年，国家税务总局会同财政部研究出台相关举措，将企业职工教育经费税前扣除比例由（　）提高到（　），并可无限期结转以后年度扣除。

A. 1%　5%　　B. 3%　6%

C. 2. 5%　7%　　D. 2. 5%　8%

130. （　）年，广大职工面对新时期历史重任，迫切希望在书中寻找知识和真理，掀起了读书热潮，以"振兴中华"为宗旨的读书自学活动在全国迅速蓬勃开展起来。

A. 1980　　B. 1981　　C. 1982　　D. 1983

131. 2001 年 5 月，在（　）上，我国第一次提出了"创建学习型社会"目标。

A. 亚太经合组织人力资源能力建设高峰会议

B. 第九届全国人民代表大会第四次会议

C. 中国人民政治协商会议第九届全国委员会第四次会议

D. 中国共产党成立80周年大会

132. 2008年12月，全国总工会第十五届二次执委会议通过（　），提出了坚持和完善工会“大学校”建设的制度机制。

A.《全民科学素质行动计划纲要（2006—2010—2020年）》

B.《关于充分发挥工会“大学校”作用提高职工队伍整体素质的决议》

C.《关于全面实施职工素质建设工程的意见》

D.《关于加强职工教育工作的决定》

133. 2009年3月，全国总工会印发《关于全面实施职工素质建设工程的意见》，明确提出了全面实施职工素质建设工程的（　）项实践活动。

A. 八　　B. 七　　C. 九　　D. 六

134. 职工科学素质教育工作的目标任务之一是努力建

设（　）劳动者大军。

A. 知识型、技能型

B. 知识型、技能型、创新型

C. 知识型、创新型

D. 技术型、技能型

135. 职工科学素质教育工作目标任务之一是，在学习型社会建设中，以（　）为重点，加强教育培训，培养造就宏大的高素质职工队伍。

A. 学习能力、职业能力

B. 职业技能、技术能力

C. 技术创新能力

D. 学习能力、职业技能和技术创新能力

136. 2020 年 12 月，全国总工会印发《全国职工素质建设工程五年规划（2021—2025 年）》，提出到 2025 年，（　）更加深入人心。

A. 社会主义核心价值观

B. 中国特色社会主义道路

C. 习近平新时代中国特色社会主义思想

D. 中国梦·劳动美

137. 党的二十大报告明确提出，加快建设国家战略人才力量，努力培养造就更多大师、战略科学家、一流科技领军人才和创新团队、（　）。

A. 青年科技人才、卓越工程师、大国工匠、高技能人才

B. 卓越工程师、大国工匠、高技能人才

C. 青年科技人才、大国工匠、高技能人才

D. 青年科技人才、卓越工程师、大国工匠

138. 参与职工教育管理和监督，维护和保障职工学习权利是（　）。

A. 党和国家在新时代赋予工会的权利和义务

B. 工会组织的一项重要职责

C. 在职工教育领域落实全心全意依靠工人阶级方针的具体措施

D. 以上均是

139. 职工岗位培训主要由行政业务主管部门负责，工会主要是协助做好（　）等工作。

A. 组织发动　　B. 管理服务

C. 组织发动和管理服务　　D. 经费收缴

140. 职工科学素质教育工作的方法之一是把职工科学素质教育纳入（　）的内容。

A. 企业集体协商

B. 民主管理

C. 企业集体协商、民主管理

D. 工会会员管理

141. 工会通过（　）等渠道，直接反映职工教育中的热点难点以及具有普遍性的问题。

A. 与政府召开联席会议　　B. 与企业召开会议

C. 与党委召开会议　　D. 与社会组织召开会议

142. 全国职工素质建设工程在技术技能素质建设方面的主要措施有（　）。

A. 广泛开展岗位练兵和技能竞赛

B. 健全完善劳动和技能竞赛机制体系

C. 组织职工积极参与“五小”等群众性经济技术创新活动

D. 以上均是

143. 全国职工素质建设工程在加强民主法治素质建设方面的主要措施有（　）。

A. 提高职工守法自觉和维权能力

B. 完善工会维权服务工作体系，加强新就业形态群体权益保障

C. 推动健全保障职工主人翁地位的各项制度安排

D. 以上均是

144. 全国职工素质建设工程在加强健康安全素质建设方面的主要措施有（　）。

A. 促进安全生产和体面劳动

B. 传播普及健康理念和传染病防控知识

C. 增强应对突发公共卫生事件的素养和能力

D. 以上均是

145. 要建立多元化的经费投入体系，（　）以上工会本级经费收支预算中，根据年度任务安排，给予职工素质建设工程经费保障。

A. 省级　B. 县级　C. 市级　D. 区级

146. 工会职工学校和职业培训机构是工会的一项重要事业，是工会履行（　）职能、密切联系职工群众、扩大工会影响、提高职工队伍素质的重要场所。

A. 教育　B. 建设　C. 参与　D. 维护

147. 1922 年 4 月 9 日，我国第一个工人俱乐部（　）成立。

A. 安源路矿工人俱乐部

B. 沪西工人半日学校

C. 山海关京奉铁路工友俱乐部

D. 长辛店工人俱乐部

148. （　）年 6 月，全国总工会印发了《关于工会系统各类职工学校改革与发展的意见》，进一步推动工会系统各类职工学校改革与发展。

A. 2005　　B. 2006　　C. 2007　　D. 2008

149. 工会系统各类职工学校主要任务是结合工会特点，发挥自身优势，成为实施（　）重要阵地，为提高职工队伍整体素质提供服务。

A. 职工教育

B. 职工创业

C. 工会改革创新

D. 全国职工素质建设工程

150. 工会系统各类职工学校要坚持面向市场、服务（　）的办学方向。

A. 职工知识水平提升

B. 职工就业与再就业

C. 产业转型升级

D. 社会人才需要

151. 工会系统各类职工学校要建立以职业技术教育培训为重点，以服务职工为宗旨，以提高（　）为

目标的职工学校运作新机制，

A. 职工思想道德水平　B. 职工职业能力

C. 职工创业能力　D. 职工科技素质

152. 工会系统各类职工学校要坚持以拓展职业教育功能为核心、以提高学员（　）为导向、以全面提高职工队伍素质为目的的办学方向。

A. 就业能力　B. 创业能力

C. 就业能力和创业能力　D. 学习能力

153. 统筹发展职业学校教育和职业培训，建立覆盖广泛、形式多样、运作规范，（　）共同参与的职业教育培训体系。

A. 行业、企业、院校、社会力量

B. 行业、企业、社会力量

C. 行业、院校、社会力量

D. 企业、院校、社会力量

154. 促进学历与非学历教育纵向衔接联通、横向互通互认，把工会职工学校办成（　）教育培训中心。

A. 面向社会的　　B. 开放的

C. 多功能的　　D. 以上均是

155. 在全国有目标、有重点地由各级工会共同扶持办好一批（　）、在当地具有长期的社会需要、水平较高的综合性、多功能的职工学校和职业教育培训基地。

A. 基础条件较好　　B. 办学规模较大

C. 办学实力较强　　D. 以上均是

156. 以（　）思维谋求职工学校发展。工会系统内部进行资产重组，在有效盘活现有资产基础上，整合和利用各种教育资源。

A. 资产多元化　　B. 资产单一化

C. 资产国有化　　D. 资产信息化

157. 有条件的单位，在不改变（　）的情况下，引入企业管理方法，对工会学校从业人员实行聘任制、合同制。

A. 单位性质　　B. 编制

C. 单位性质、编制　　D. 人员结构

158. 探索校企联合、校区联合、校镇联合，建立（　）等办学模式。

A. 综合型、职业型、技艺型

B. 开放型、综合型、职业型、技艺型

C. 开放型、职业型、技艺型

D. 开放型、综合型、职业型

159. 广泛吸引社会资金，探索以（　）为中心，辐射周边广大地区的工会办学新体制。

A. 学校　B. 企业　C. 政府　D. 工会

160. 进一步加强基础设施建设，规范管理和增强服务功能，按照（　）开展职业培训，增强办学针对性和实效性。

A. 本地的就业需求　　B. 城市的就业需求

C. 农村的就业需求　　D. 全国的就业需求

161. 积极开展自谋职业和集体创业培训，通过开展（　）等定向培训。

A. 订单式培训　　B. 个性化培训

C. 一站式培训　　D. 以上均是

162. 把培训就业技能与提供（　）有机结合起来，使更多的受训人员实现就业和再就业。

A. 就业信息　　B. 咨询服务

C. 就业信息和咨询服务　　D. 就业保障

163. 下列对工会新闻宣传工作性质的描述正确的有（　）。

A. 工会新闻宣传工作是党的新闻宣传工作和工会工作的重要组成部分

B. 工会新闻宣传工作是工会服务党和国家工作大局的重要渠道

C. 工会新闻宣传工作是加强职工思想政治工作的重要手段

D. 以上均是

164. 做好工会新闻宣传工作事关（　）。

A. 贯彻落实习近平新时代中国特色社会主义思想

B. 建设具有强大凝聚力和引领力的社会主义意识形态

C. 巩固党执政的阶级基础和群众基础

D. 以上均是

165. 工会新闻宣传工作的群众性具体体现在工会新闻宣传工作应坚持（　）。

A. 把广大职工对美好生活的向往作为工会的奋斗目标

B. 把切实维护好职工各项权益作为基本职责

C. 把表达民声民意作为主要内容

D. 以上均是

166. 工会新闻宣传要宣传党的主张、贯彻党的决定，维护党中央权威、维护党的团结，做到（　）。

A. 爱党　　B. 护党

C. 为党　　D. 以上均是

167. （　）是历史的创造者，是决定党和国家前途命运的根本力量。

A. 英雄人物　　B. 人民

C. 工人阶级　　D. 领导人

168. 工会新闻宣传工作要坚持守正创新原则。“守正”，即守信念之正，就是要坚持（　）原则，在马克思主义新闻观的指导下开展工会新闻宣传工作。

A. 党性　　B. 解放思想

C. 以人为本　　D. 正面宣传

169. 工会新闻宣传工作要主动适应（　）传播趋势，积极借助新媒体传播优势，改变表现形式。

A. 分众化　　B. 差异化

C. 数字化　　D. 分众化、差异化

170. 下列不属于工会宣传教育工作的原则的是（　）。

A. 坚持正确政治方向

B. 坚持围绕中心、服务大局

C. 坚持团结稳定鼓劲、正面宣传为主

D. 坚持反映社会诉求

171. 下列不属于工会媒体的是（　）。

A. 全总官方微博　　B. 地方工人报纸

C.《中国工人》杂志　D. 企业内部简报

172. 为增强工会宣传工作的主动性、针对性和指导性，2021 年，全国总工会宣传教育部研究起草了（　）等工会宣传引导工作机制。

A.《全国总工会重点宣传计划工作机制》

B.《全国总工会重大题材宣传报道工作机制》

C.《全国总工会与中央主要新闻媒体（网站）沟通工作机制》

D. 以上均是

173. 2015 年，全国总工会制定了《关于建立健全工会新闻发言人制度的办法》，提出要建立健全（　），进一步加强工会新闻发布工作。

A. 工会新闻发言人制度　B. 工会新闻宣传制度

C. 工会新闻采访制度　　D. 工会新媒体制度

174. 重点宣传计划工作机制是为统筹指导工会新闻舆论工作，切实增强工会新闻宣传的（　）而制定的。

A. 主动性、针对性、指导性

B. 政治性、主动性、指导性

C. 主动性、新闻性、专业性

D. 主动性、指导性、制度性

175. 重点宣传计划工作机制是为了形成（　）同频共振的宣传合力。

A. 工会上下、系统内外

B. 系统内外、网上网下

C. 网上网下、工会内外

D. 工会上下、系统内外、网上网下

176. 重点宣传计划工作机制的宣传范围包括（　）。

A. 全国总工会贯彻落实习近平总书记重要指示精神的重大举措

B. 以全国总工会名义组织召开的年度重要会议

C. 以全国总工会名义形成的年度重大调研成果

D. 以上均是

177. （　）是指围绕工会重点工作，组织媒体记者深入基层，进行实地集体采访报道。

A. 专题采访　　B. 现场采访

C. 召开新闻发布会　　D. 人物报道

178. 专题采访具有（　）的特点，在组织实施过程中需要精心策划。

A. 规划性强　　B. 宣传声势大

C. 宣传效果好　　D. 以上均是

179. 对一些热点专题事件的报道，可以采用对事件或问题的发展变化进行追踪的方法，（　），及时引导舆论，促进问题的解决和工作的开展。

A. 及时通报新变化、新进展

B. 连续发出报道，反映全过程

C. 做到环环相扣、步步紧跟

D. 以上均是

180. 组织媒体对劳动模范、最美职工、大国工匠等典型人物进行专访时，要提前对拟采访对象进行深入考察，最大限度地挖掘采访对象的（　）。

A. 典型性　　B. 示范性

C. 典型性和示范性　　D. 独特性

181. 工会新闻发布会一般由新闻中心根据工作内容的重要程度和宣传需求，提出召开新闻发布会的意向，阐明召开新闻发布会的（　），报本级工会分管领导审核批准后组织实施。

A. 主题、内容、形式

B. 主题、内容、规模

C. 主题、内容、形式与规模

D. 内容、形式与规模

182. （　）是新闻发布会的重要一环，许多重要信息是通过这一形式发布的。

A. 现场采访　　B. 答记者问

C. 远程采访　　D. 发布新闻稿

183. 发布会前组织者要根据近期的舆情热点，事先设想发布会上可能被问到的问题，准备好回答问题的（ ），供发言人参考。

A. 方法 B. 口径 C. 形式 D. 知识

184. 新闻发布内容应（ ），尽快把时间交给提问环节。

A. 简洁清晰 B. 直奔主题

C. 杜绝空话套话 D. 以上均是

185. 召开新闻发布会时，点请记者提问时要注意（ ），要根据现场情况及时协调控制提问时间和次数。

A. 态度 B. 公平

C. 现场观众反应 D. 记者国籍

186. 新闻发布会召开过程中，要密切关注（ ），了解记者对新闻发布会的态度和意见。

A. 会场气氛和动态 B. 会场气氛

C. 观众反应 D. 直播动态

187. 职工文化是中国特色社会主义文化的重要组成部分，主要体现在建设先进职工文化（ ）。

A. 是推进社会主义文化强国建设的重要举措

B. 是强化思想政治引领、带领职工群众听党话跟党走的重要抓手

C. 是推动先进生产力发展、实现广大职工群众根本利益的重要方面

D. 以上均是

188. 不少基层工会以协会和兴趣小组为依托，坚持（　）原则，自己组织、自愿参加、自行解决经费，通过采用小型多样的形式，积极开展职工文化活动。

A. 业余　　B. 自愿

C. 业余、自愿　　D. 广泛参与

189. 以（　）方式促进经济发展，不仅塑造了企业形象，扩大了企业社会影响和知名度，也调动了职工参与积极性。

A. 文化的　　B. 政治的

C. 市场的　　D. 社会的

190. 鲜明的（　）是职工文化建设第一属性。

A. 经济性　　B. 政治性
C. 文化性　　D. 精神性

191. （　）是职工文化建设参与主体，各级工会在推进职工文化建设时要坚持一切为了职工、一切依靠职工。

A. 工会　　B. 职工
C. 工会干部　　D. 企业家

192. 全国总工会于 1987 年召开（　）全国工人文化宫、俱乐部工作会议，对文化宫改革作出全面部署。

A. 第一次　　B. 第二次
C. 第三次　　D. 第四次

193. 2020 年，全国总工会印发了《中华全国总工会关于加强新时代职工文化建设的指导意见》，强调完善平台和阵地，构建（　）文化服务网络。

A. 综合式　　B. 便捷式
C. 互动式　　D. 圈层式

194. （ ）作为职工的“学校和乐园”，是工会所属的公益性文化事业单位。

A. 工人文化宫　　B. 职工之家

C. 劳动者港湾　　D. 创新工作室

195. 截至2022年上半年，全国共有县级以上包括工人文化宫在内的职工文化阵地约为（ ）家。

A. 1000　B. 2000　C. 1600　D. 800

196. （ ）年，全国总工会办公厅印发《关于加强新时代职工文化建设的指导意见》提出，推动职工文体活动线上线下齐头并进。

A. 2019　B. 2020　C. 2021　D. 2022

197. 继续深化职工文化阵地人事和分配制度改革，突出加强工人文化宫的（ ），重点解决工人文化宫存在的主业不突出、阵地流失、出租经营等问题。

A. 阵地管理、资产管理

B. 财务管理、审计管理

C. 经费管理、人员管理

D. 人事管理、资产管理

198. 2022年，中共中央办公厅、国务院办公厅印发《关于构建更高水平的全民健身公共服务体系的意见》，明确提出要提高职工参与度，发挥（　）作用，鼓励工会每年组织各类健身活动。

A. 工会　B. 企业　C. 职工　D. 市场

199. 职工文体活动的开展，分为（　）等不同层次。

A. 全国性、地方性

B. 地方性、基层

C. 全国级、省市级、县区级

D. 全国性、地方性和基层

200. 近年来，全国总工会对（　）的职工文化体育工作新形式进行了一定探索。

A. “互联网+运动”

B. “互联网+文化”

C. “互联网+运动+文化”

D. “运动+文化”

多项选择题

扫码闯关答题

1. 工会宣传教育工作是党的宣传思想工作的重要组成部分，是（ ）的一项重要工作。

A. 服务党和国家工作大局

B. 服务工会工作全局

C. 服务工会干部

D. 服务工运事业

2. 工会宣传教育工作为工会工作创新发展提供（ ）。

A. 坚强的思想保证　　B. 强大的精神力量

C. 丰润的道德滋养　　D. 多元的文化理念

3. 工会宣传教育工作把用科学的理论武装职工、用先进的文化培育职工、（ ）作为主要任务，唱响主旋律、弘扬正能量、振奋精气神。

A. 用正确的舆论引导职工

B. 用高尚的精神塑造职工

C. 用优秀的作品鼓舞职工

D. 用真诚的服务赢得职工

4. 工会宣传教育工作关系工会工作全局，具有很强的（　）。

A. 政治性　　B. 思想性

C. 理论性　　D. 政策性

5. 党的十八大以来，以习近平同志为核心的党中央采取一系列战略性举措，推进一系列变革性实践，实现一系列突破性进展，取得一系列标志性成果，经受住了来自（　）等方面的风险挑战考验。

A. 政治　　B. 经济

C. 意识形态　　D. 自然界

6. 习近平总书记高度重视宣传思想工作，发表了一系列重要论述，深刻阐明了新时代宣传思想工作的一系列（　）的重大问题。

A. 方向性　　B. 根本性

C. 时代性　　　　　　　　D. 预见性

7. 当前和今后一段时期，工会宣传教育工作的指导思想有（　）。

A. 马克思列宁主义

B. 毛泽东思想、邓小平理论

C. “三个代表”重要思想、科学发展观

D. 习近平新时代中国特色社会主义思想

8. 当前和今后一段时期，工会宣传教育工作应着眼（　），围绕党和国家工作大局及工会工作全局开展工作。

A. 全面建成社会主义现代化强国

B. 实现第二个百年奋斗目标

C. 建设中国特色社会主义

D. 满足人民对美好生活的需要

9. 当前和今后一段时期，工会宣传教育工作要团结动员广大职工投身以中国式现代化推进中华民族伟大复兴的中国梦，并为实现这一目标提供强大的（　）和思想保证。

A. 精神动力　　B. 舆论环境
C. 智力支持　　D. 文化条件

10. 下列对中国工会性质的描述，正确的有（　）。
A. 党联系职工群众的桥梁和纽带
B. 国家政权的重要社会支柱
C. 会员和职工利益的代表
D. 工人阶级群众组织

11. 工会宣传思想工作要引导广大职工群众从“中国之治”与“西方之乱”的鲜明对比中，深刻认识（　）。
A. 中国共产党为什么能
B. 马克思主义为什么行
C. 中国特色社会主义为什么好
D. 中国道路为什么行

12. 工会宣传教育工作的作用主要体现在：（　）。
A. 有利于巩固马克思主义在意识形态领域的指导地位

B. 有利于进一步贯彻落实新发展理念

C. 有利于保持和发展工人阶级的先进性

D. 有利于更好地维护职工的精神文化权益

13. 在革命、建设、改革各个历史时期，工人阶级最鲜明的特点、最优良的传统就是（　）。

A. 紧跟社会趋势　　B. 紧跟党的步伐

C. 听从党的指挥　　D. 走在时代的前列

14. 随着改革开放和现代化建设的不断深入、中国特色社会主义进入新时代，我国社会（　）日益多样化，职工队伍不断发展壮大，内部结构也发生了深刻变化。

A. 经济成分　　B. 组织形式

C. 就业方式　　D. 分配方式

15. 面对党执政条件和社会环境的深刻变化，必须充分发挥工会宣传教育工作的作用，积极引导广大职工进一步认清工人阶级肩负的历史使命，（　）。

A. 增强主动性　　B. 发挥创造性

C. 发展先进性　　D. 保持革命性

16. 工会宣传思想工作的任务之一是要大力弘扬（　），叫响做实“大国工匠”品牌。

A. 劳动精神　　B. 劳模精神

C. 工匠精神　　D. 创业精神

17. 充分发挥工会宣传教育工作的作用，弘扬（　）的时代新风。

A. 劳动光荣　　B. 知识崇高

C. 人才宝贵　　D. 创造伟大

18. 工会宣传教育工作要不断增强职工群众的（　），积极引导广大职工进一步认清工人阶级肩负的历史使命。

A. 政治意识　　B. 大局意识

C. 核心意识　　D. 看齐意识

19. 做好新时代工会宣传教育工作，有利于更好地维护职工的精神文化权益，坚持维护职工（　）权益的统一，促进广大职工共享改革发展成果。

A. 经济　　B. 政治　　C. 文化　　D. 社会

20. 工会宣传教育工作，通过推出更多（　）相统一的优秀精神文化产品，为广大职工提供更多更好的文化产品和文化服务。

A. 政治性　　B. 市场性

C. 思想性　　D. 艺术性

21. 新时代开展工会宣传教育工作要努力构建工会（　）的工作格局。

A. 大宣传　　B. 大教育

C. 大文化　　D. 大融合

22. 工会宣传教育工作要深入工厂车间、生产一线、发展前沿开展宣传宣讲，讲好新时代的（　），讲足伟大成就、讲明发展前景。

A. 原创性思想　　B. 变革性实践

C. 突破性进展　　D. 标志性成果

23. 工会宣传教育工作要不断增强广大职工对习近平新时代中国特色社会主义思想的（　）。

A. 政治认同　　B. 思想认同

C. 理论认同　　D. 情感认同

24. 工会宣传教育工作要巩固拓展党史学习教育成果，主要包括（　）。

A. 推动党史学习教育常态化长效化开展

B. 大力宣传党百年奋斗取得的伟大成就和宝贵经验

C. 大力宣传党的领导和我国社会主义制度的巨大优越性

D. 大力宣传工人阶级在党的百年奋斗历程中作出的突出贡献

25. 工会宣传教育工作要不断增强广大职工的（　）。

A. 道路自信　　B. 理论自信

C. 制度自信　　D. 文化自信

26. 加强职工思想教育阵地建设，办好用好（　）等阵地，讲好党领导下的红色工运故事、工人阶级奋斗故事。

A. 工会报刊、网站

B. 工人文化宫、职工院校

C. 职工书屋

D. 工运纪念设施、劳模公园

27. 擦亮（　）金字招牌，加快培育、选树宣传一批在全国有影响力、在行业有号召力的领军型劳模，打造新时代劳动者的标杆旗帜。

A. 最美教师　　B. 最美奋斗者

C. 劳模　　D. 工匠

28. 做大做强新闻舆论宣传的方式有（　）。

A. 坚持内容为王、质量第一

B. 创新方式方法，突出融媒体传播

C. 用好新闻发布会、记者见面会、走基层采访等形式

D. 坚持以人为本

29. 做好工会新闻宣传工作，广泛宣传工会服务广大职工、参与改革创新的积极作为，讲好（　）。

A. 国际工会故事　　B. 中国故事

C. 中国工人阶级故事　　D. 中国工会故事

30. 坚持走好网上群众路线，为职工群众提供（　）服务，构建职工群众网上精神家园。

A. 精准化　　B. 订单式

C. 多层次　　D. 多元化

31. 深入了解不同行业、不同群体的思想状况和心理特点，加强网上互动交流，注重了解和分析（　）等重点群体的所思所愿。

A. 新就业形态劳动者　　B. 国有企业职工

C. 农民工　　D. 生活困难职工

32. 切实维护劳动领域意识形态安全，要牢固树立（　）的理念。

A. 抓意识形态工作是本职

B. 不抓意识形态工作是失职

C. 抓意识形态工作不力不用追究责任

D. 抓不好意识形态工作是渎职

33. 工会宣传教育工作要严格落实党委（党组）意识形

态工作责任制，强化（ ），做到守土有责、守土负责、守土尽责。

A. 法律责任　　B. 经济责任

C. 政治责任　　D. 主体责任

34. 工会宣传教育工作要牢牢掌握意识形态工作的（ ）。

A. 领导权　　B. 主动权

C. 话语权　　D. 评价权

35. 切实维护劳动领域意识形态安全，完善网上舆情监测、研判、处置机制，做到（ ）。

A. 紧盯网络舆情热点

B. 及时发布权威信息

C. 遏制网络谣言传播

D. 占领网上舆论主阵地

36. 全国职工职业道德建设评选表彰活动已成为在全社会特别是广大职工群众中具有较大影响的活动，主要体现在（ ）。

A. 弘扬了工人阶级伟大品格和劳模精神、劳动精神、工匠精神

B. 推动了社会主义核心价值观融入企业和广大职工的生产实践

C. 强化了敬业奉献精神

D. 促进了全社会道德水平的提高

37. 广泛开展职工精神文明创建活动可以使职工在参与中实现（　），不断提高职工的思想道德素质和文明程度。

A. 自我教育　　B. 自我管理

C. 自我服务　　D. 自我认同

38. 工会宣传教育工作在宣传方式上，要注重以下几个方面的结合：（　）。

A. 把充分发挥工会系统新闻媒体主阵地作用与积极争取主管部门和主流媒体支持有机结合起来

B. 把加大重要时间节点新闻宣传工作力度与做好日常新闻宣传工作有机结合起来

C. 把用好传统媒体与利用新媒体优势开展工作有机结合起来

D. 把强化工会重大活动和重点工作宣传与做好基层工会工作宣传有机结合起来

39. 建设一支“忠诚党的事业、竭诚服务职工”的工会宣传教育干部队伍，要加强多项素质建设，主要包括（　）。

A. 思想建设　　B. 能力建设

C. 文化建设　　D. 作风建设

40. 职工思想政治工作的方针原则主要包括（　）。

A. 高举中国特色社会主义伟大旗帜

B. 坚持以人民为中心

C. 坚持从实际出发，遵循思想政治工作规律

D. 坚持守正创新

41. 开展理想信念教育的主要内容包括（　）。

A. 用党的创新理论武装职工头脑

B. 认真学习领会中国特色社会主义的深刻内涵

C. 深入开展社会主义核心价值观教育

D. 加强形势政策及民主法治教育，进行工人阶级意识教育

42. 要打造（　）的职工文化，丰富职工精神文化生活，不断满足广大职工群众精神文化需求。

A. 健康文明　　B. 积极健康

C. 昂扬向上　　D. 全员参与

43. 职工文化是组织内部职工在长期实践中所形成并传承的职工（　）以及与此相适应的各种活动。

A. 价值理念　　B. 行为方式

C. 精神风貌　　D. 道德风尚

44. 职工思想政治工作主要包括（　）和群众性精神文明创建活动等。

A. 职工理想信念教育

B. 职工日常思想政治工作

C. 职工职业道德建设

D. 全国工会职工书屋建设

45. 职工思想政治工作要融入（　）、典型宣传中，充分发挥主流媒体、工会报刊和新媒体等各级各类媒体的阵地作用。

A. 主题宣传　　B. 形势宣传

C. 政策宣传　　D. 成就宣传

46. 下列属于职工职业道德建设的主要内容的有（　）。

A. 爱岗敬业　　B. 诚实守信

C. 办事公道　　D. 热情服务

47. 职工主题宣传教育活动的形式有（　）等多种形式。

A. 典型示范教育　　B. 现场经验交流会

C. 演讲活动　　D. 知识竞赛

48. 工会新闻宣传工作以宣传党的理论和路线方针政策，（　）为己任。

A. 扩大党的国际影响　　B. 增强党的阶级基础

C. 扩大党的群众基础　　D. 巩固党的执政地位

49. 工会新闻宣传工作的基本原则是（　）。

A. 党性原则

B. 正面宣传为主原则

C. 围绕中心、服务大局原则和服务职工原则

D. 守正创新原则

50. 工会组织舆论宣传的主阵地包括（　）。

A. 工人日报　　B. 中国工人出版社

C. 人民网　　D. 地方工人报刊、网站

51. 工会新闻宣传活动需考虑的具体要素包括（　）。

A. 宣传内容必须具有新闻性

B. 对宣传时机的选择和设计要把握时度效原则

C. 对实施手段和操作方法的选择运用必须适合新闻媒体运作规律

D. 宣传内容必须图文并茂

52. 工会各类新闻宣传活动主要的采访形式有（　）。

A. 会议、活动采访　　B. 人物专访

C. 专题采访　　D. 典型采访

53. 工会新闻发布会的组织实施流程包括：（　）和会

议进程控制、收集反馈信息等。

A. 制定工作方案　　　B. 确定发布主题

C. 确定发布时间　　　D. 邀请记者

54. 职工文化体育工作内容主要包括（　）。

A. 坚持中国特色社会主义文化发展道路

B. 开展丰富多彩的职工文体活动

C. 精心培育和打造先进职工文化、体育品牌

D. 推动职工文化体育阵地建设

55. 职工文化工作对社会发展的影响主要有（　）。

A. 丰富了社会主义精神文明

B. 促进了现代化发展和人们生活方式的变化

C. 加快了职工素质提升

D. 促进了国际交往，为对外开放增加了新渠道

56. 职工文化工作对职工群众的作用主要有（　）。

A. 提升素质作用　　　B. 娱乐休息作用

C. 美化生活作用　　　D. 联系职工群众作用

57. 职工文化建设的原则主要有（　）。

A. 政治性原则　　B. 群众性原则

C. 时代性原则　　D. 原创性原则

58. 各级工会要用活红色工运资源，因地制宜开展参观瞻仰、纪念缅怀、（　）等活动。

A. 现场教学　　B. 学习体验

C. 主题党日　　D. 研讨交流

59. 职工科学素质教育是（　）的重要途径。

A. 开发职工智力　　B. 培养企业有用之才

C. 贯彻新发展理念　　D. 建设现代化经济体系

60. 早在中国共产党成立初期，老一辈工人运动活动家就通过举办（　）等教工人群众识字、学文化。

A. 工人夜校　　B. 工人俱乐部

C. 工人读书报社　　D. 工人中专学校

61. 群众性精神文明创建活动主要有（　）。

A. 讲文明树新风活动

B. 创建文明行业、文明岗位、文明职工活动

C. 全国职工禁毒宣传教育月活动

D. 职工志愿服务活动

62. 2020 年 12 月，全国总工会印发《全国职工素质建设工程五年规划（2021—2025 年）》，提出要造就一支（　）的宏大产业工人队伍。

A. 有理想守信念　　B. 懂技术会创新

C. 敢担当讲奉献　　D. 知荣辱懂进退

63. 开展职工科学素质教育、培养高素质的职工队伍，是工会组织一项长期战略任务，也是实施（　）的迫切需要。

A. 科教兴国战略　　B. 人才强国战略

C. 创新驱动发展战略　　D. 文化强国战略

64. 职工书屋是由全国总工会统一命名，主要在一线职工工作和居住的（　）建立。

A. 基层企事业单位

B. 城市社区

C. 工业园区

D. 乡（镇）村和重点建设项目工地

65. 开展群众性精神文明建设的总体要求之一是加强职工（ ）教育，增强职工的道德意识，提高职工的道德素质，推动社会和谐与全面进步。

A. 社会公德　　B. 职业道德

C. 家庭美德　　D. 个人品德

66. 开展职工思想政治工作的方法途径主要有（ ）。

A. 充分发挥新闻媒体的导向作用

B. 开展形式多样的主题宣传教育活动

C. 以群众性精神文明创建活动为重要载体

D. 重视和发挥文化的教育功能

67. 2015 年 4 月，全国总工会印发《全国职工素质建设工程五年规划（2015—2019 年）》，提出要建立起（ ）的职工素质建设工程模式。

A. 资源集成　　B. 形式多样

C. 贴近职工　　D. 务实有效

68. 职工科学素质教育工作的主要内容包括（ ）。

A. 参与职工教育管理和监督，维护和保障职工学

习权利

B. 深入实施全国职工素质建设工程

C. 办好工会各类职工学校

D. 建立青少年科普教育基地

69. 实施全国职工素质建设工程，在加强思想道德建设方面，主要包括（　）。

A. 强化理论武装　　B. 突出理想信念教育

C. 加强道德修养　　D. 加强谈心谈话

70. 实施全国职工素质建设工程，在科学文化素质建设方面，主要举措有（　）。

A. 传播科学思想　　B. 践行终身学习理念

C. 鼓励职工提升学历　　D. 鼓励职工出国深造

71. 实施全国职工素质建设工程，在技术技能素质建设方面，主要举措有（　）。

A. 加强学历教育

B. 广泛开展岗位练兵和技能竞赛

C. 落实终身职业技能培训制度

D. 促进形成尊重技能的社会风尚

72. 实施全国职工素质建设工程，在民主法治素质建设方面，主要举措有（　）。

A. 加大普法力度

B. 鼓励职工揭露违法犯罪行为

C. 扩大法律服务覆盖面

D. 组织职工参与民主管理和集体协商工作

73. 实施全国职工素质建设工程，在健康安全素质建设方面，主要举措有（　）。

A. 鼓励职工购买健康保险

B. 开展职业安全健康教育

C. 提升健康教育质量

D. 推动工会劳动保护工作创新发展

74. 实施全国职工素质建设工程，在社会文明素质建设方面，主要举措有（　）。

A. 坚决打击违法犯罪

B. 打造职工志愿服务品牌

C. 推进职工文化建设

D. 鼓励职工在网上发声

75. 实施全国职工素质建设工程的措施主要有（　）。

A. 加强组织领导　　B. 保障经费投入

C. 丰富学习平台　　D. 营造舆论氛围

76. 工会系统各类职工学校办学的基本思路包括（　）。

A. 加强力量，重点建设好一批示范性工会职工学校

B. 调整工会办学布局结构，以资产多元化思维谋求职工学校发展

C. 进一步加强基础设施建设，规范管理和增强服务功能

D. 打破学校所有制结构单一的局面，尝试多种办学模式

77. 新时代工会办学的探索与实践有（　）。

A. 主动适应形势发展，服务更加贴近职工

B. 整合内部资产，实现资产重组、优势互补

C. 创新工会办学运行机制

D. 为工会重点工作服务

78. 工会新闻宣传工作的主要任务有（　）。

A. 大力宣传习近平新时代中国特色社会主义思想和党的路线方针政策

B. 大力宣传全心全意依靠工人阶级的方针

C. 大力弘扬劳模精神、劳动精神、工匠精神

D. 围绕工会工作全局开展新闻宣传和发挥好工会媒体的主阵地作用

79. 工会新闻宣传工作的机构设置主要有（　）。

A. 全国总工会新闻中心

B. 各级地方工会宣传教育部（新闻中心）

C. 工会媒体

D. 企业内部刊物

80. 工会新闻发言人的重点工作包括（　）。

A. 宣传中央重大决策部署

B. 宣传工会的重点工作和重要主张

C. 回应涉及工会和职工的社会热点

D. 参与应对突发事件

81. 下列属于工会宣传引导工作机制的有（　）。

A. 重点宣传计划工作机制

B. 与主要新闻媒体（网站）沟通工作机制

C. 工会舆情监测研判处置工作机制

D. 快速响应新闻发布机制、舆情引导机制

82. 开展职工科学素质教育工作的方法途径有（　）。

A. 把职工科学素质教育列入工会参与国家、政府社会政治事务管理的内容

B. 把职工科学素质教育纳入企业集体协商、民主管理的内容

C. 发挥工会各类职工学校的作用

D. 开展群众性学习培训活动

83. 下列属于工会系统各类职工学校的有（　）。

A. 职工大学、职工中等学校

B. 文化宫培训中心

C. 职业技能培训鉴定中心

D. 农民工业余学校和再就业培训中心

84. 目前，我国经济已由高速增长阶段转向高质量发展阶段，正处在（　）的攻关期。

A. 转变发展方式　　B. 优化经济结构

C. 转换增长动力　　D. 持续脱贫攻坚

85. 下列属于工会系统职工学校面临的十分重要而紧迫的任务的是（　）。

A. 调整办学格局，改进人才培养模式

B. 加大岗位培训和职业教育力度

C. 加快向社会院校转型

D. 提升工会办学质量

86. 要推动工会职工学校由小规模松散式培训向实施（　）的职业技能教育转变。

A. 正规化　　B. 系统化

C. 规模化　　D. 联盟化

87. 工会职工学校要努力形成（　）的工会办学新

格局。

A. 精细化管理　　B. 科学化管理

C. 市场化运作　　D. 集团化发展

88. 工会职工学校的工作目标是（　）。

A. 坚持教育创新，深化教育改革

B. 发挥资源优势，优化结构布局

C. 改善办学条件，提高教育质量

D. 办出市场特色，增强学校活力

89. 工会职工学校要坚持（　），创新各层次各类型工会办学教育新模式。

A. 产教融合　　B. 校企合作

C. 工学结合　　D. 知行合一

90. 工会新闻宣传工作的主要职责包括（　）。

A. 大力宣传习近平新时代中国特色社会主义思想

B. 宣传党的全心全意依靠工人阶级的方针

C. 宣传我国工人阶级在国家经济社会发展中的主力军作用

D. 为职工提供法律维权服务

91. 工会新闻宣传工作必须坚持团结稳定鼓劲、正面宣传为主的方针，包括（ ）。

A. 在导向、主张及口径上与党和国家各项方针政策、法律法规不用完全一致

B. 要牢牢坚持正确舆论导向

C. 深入宣传习近平新时代中国特色社会主义思想

D. 唱响主旋律，传播正能量，壮大主流思想舆论

92. 工会新闻宣传工作服务职工原则主要有（ ）。

A. 坚持“三贴近”原则，把工会新闻宣传的视角对准基层一线

B. 为广大职工提供直接的法律维权帮助

C. 反映职工心声，表达职工愿望，引导职工情绪，畅通职工诉求渠道

D. 讲好普通劳动者的感人故事，传递正能量

93. 工会新闻宣传工作要转变身份认知，调整传播语态，向着（ ）的方向发展，从传统的政策信息

“传声筒”转变为“翻译官”。

A. 平等化　　　　B. 贴近化

C. 融合化　　　　D. 互动化

94. 工会新闻宣传工作要大力宣传党的全心全意依靠工人阶级的方针，主要包括（　）。

A. 大力宣传党中央对工人阶级的高度重视

B. 大力宣传党中央对工会工作的殷切期望

C. 大力宣传党中央对广大职工的关心关爱

D. 大力宣传中国特色社会主义工会发展道路

95. 发挥好工会媒体主阵地作用的主要举措有（　）。

A. 积极稳妥地推进工人报刊的改革发展，努力提高办报办刊质量

B. 强化互联网思维和一体化发展理念

C. 加强议题设置，把更多的镜头、话筒对准工人阶级

D. 提高工会新闻宣传工作水平，增强工会新闻宣传工作实效

96. 围绕工会工作全局开展新闻宣传工作包括（　）。

A. 大力宣传工会保持和增强政治性、先进性、群众性

B. 围绕工会重要文件、重点工作、重要会议和活动，及时发布重要信息

C. 聚焦维护职工合法权益、竭诚服务职工群众基本职责

D. 及时报道各级工会的工作和成绩

97. 全国总工会新闻中心的主要职责是（　）。

A. 提出新时代工会新闻宣传工作新思路

B. 推进工会新闻宣传工作制度建设

C. 组织全国总工会重要会议、重大活动和重点工作的新闻宣传

D. 协调地方媒体采访报道

98. 各级地方工会宣传教育部（新闻中心）的主要职责是（　）。

A. 负责本地区工会的新闻宣传工作，实施本级工

会新闻宣传计划

B. 策划组织本地区工会的重要会议、重要活动和重点工作的新闻宣传

C. 跨地区协调非工会新闻媒体进行采访报道

D. 搜集和提供新闻宣传线索，为中央主要媒体采访报道提供相关服务

99. 工会媒体的主要职责包括（　）。

A. 宣传党的理论和路线方针政策

B. 宣传工人阶级在推动经济发展、社会进步中发挥的主力军作用

C. 宣传全国总工会的工作部署及政策主张

D. 报道网络热点事件

100. 各全国产业工会、全国总工会各部门、各直属单位是提供工会新闻信息的重要渠道，其主要职责是（　）。

A. 负责提供本系统、本部门、本单位年度重点工作的宣传报道计划

B. 收集和提供与本系统、本部门、本单位工作相关的新闻线索和典型事例

C. 为所有新闻媒体宣传工会工作提供相应的服务

D. 为各类自媒体宣传提供报道线索

参考答案

一、单项选择题

1. D	2. C	3. D	4. B	5. B
6. A	7. C	8. D	9. C	10. A
11. B	12. D	13. C	14. D	15. D
16. B	17. C	18. A	19. D	20. A
21. A	22. A	23. C	24. D	25. C
26. D	27. B	28. A	29. B	30. A
31. B	32. D	33. A	34. D	35. A
36. D	37. A	38. B	39. C	40. B
41. D	42. C	43. B	44. A	45. D
46. A	47. C	48. B	49. D	50. D
51. B	52. C	53. D	54. A	55. A
56. D	57. A	58. B	59. B	60. C
61. D	62. D	63. D	64. D	65. A

66. A	67. D	68. C	69. D	70. D
71. D	72. C	73. D	74. D	75. A
76. B	77. D	78. C	79. D	80. D
81. B	82. A	83. C	84. A	85. A
86. D	87. D	88. D	89. C	90. C
91. A	92. D	93. C	94. A	95. C
96. A	97. C	98. D	99. D	100. B
101. D	102. A	103. D	104. B	105. A
106. C	107. D	108. C	109. B	110. A
111. D	112. D	113. B	114. D	115. D
116. C	117. D	118. A	119. B	120. C
121. A	122. B	123. A	124. C	125. D
126. D	127. A	128. D	129. D	130. C
131. A	132. B	133. C	134. B	135. D
136. C	137. A	138. D	139. C	140. C
141. A	142. D	143. D	144. D	145. B
146. A	147. D	148. B	149. D	150. C
151. B	152. C	153. A	154. D	155. D

156. A	157. C	158. B	159. A	160. A
161. D	162. C	163. D	164. D	165. D
166. D	167. B	168. A	169. D	170. D
171. D	172. D	173. A	174. A	175. D
176. D	177. A	178. D	179. D	180. C
181. C	182. B	183. B	184. D	185. B
186. A	187. D	188. C	189. A	190. B
191. B	192. D	193. D	194. A	195. C
196. B	197. A	198. A	199. D	200. C

二、多项选择题

1. ABD	2. ABC	3. ABCD	4. ABCD	5. ABCD
6. AB	7. ABCD	8. AB	9. ABCD	10. ABCD
11. ABC	12. ABCD	13. BCD	14. ABCD	15. ABC
16. ABC	17. ABCD	18. ABCD	19. ABCD	20. ACD
21. ABC	22. ABCD	23. ABCD	24. ABCD	25. ABCD
26. ABCD	27. CD	28. ABC	29. BCD	30. ABC
31. ACD	32. ABD	33. CD	34. ABC	35. ABCD
36. ABCD	37. ABC	38. ABCD	39. ABD	40. ABCD
41. ABCD	42. ACD	43. ABC	44. ABCD	45. ABCD
46. ABCD	47. ABCD	48. BCD	49. ABCD	50. ABD
51. ABC	52. ABCD	53. ABCD	54. ABCD	55. ABCD
56. ABCD	57. ABC	58. ABCD	59. ABCD	60. ABC
61. ABCD	62. ABC	63. ABC	64. ABCD	65. ABCD

66. ABCD 67. ABCD 68. ABC 69. ABC 70. ABC
71. BCD 72. ACD 73. BCD 74. BC 75. ABCD
76. ABCD 77. ABCD 78. ABCD 79. ABC 80. ABCD
81. ABCD 82. ABCD 83. ABCD 84. ABC 85. ABD
86. ABCD 87. BCD 88. ABC 89. ABCD 90. ABC
91. BCD 92. ACD 93. ABCD 94. ABCD 95. ABCD
96. ABCD 97. ABC 98. ABD 99. ABC 100. AB